RECONSTRUCTION
DU GRAND ORGUE
DE L'ÉGLISE NOTRE-DAME DE SENLIS

RÉPONSE

A DIVERSES QUESTIONS

PAR R. VINCENT

SENLIS
TYPOGRAPHIE ET LITHOGRAPHIE ERNEST PAYEN
11, place de l'Hôtel-de-Ville, 11

MARS 1874

RECONSTRUCTION
DU GRAND ORGUE

DE L'ÉGLISE NOTRE-DAME DE SENLIS

Beaucoup de personnes veulent bien m'interroger sur la reconstruction projetée du grand orgue de notre église ; il est assez difficile d'improviser en quelques minutes des réponses tant soit peu satisfaisantes sur un sujet aussi complexe ; surtout lorsque ces réponses s'adressent à des personnes qui n'ont aucune notion de la structure d'un orgue. Je vais donc écrire ce que je pense sur cette reconstruction ; mais auparavant je ferai connaître les différentes parties dont se compose un orgue.

I

DESCRIPTION D'UN ORGUE

Dans un orgue on distingue : 1° la partie harmonique, c'est-à-dire les tuyaux ; 2° la soufflerie ; 3° la partie mécanique, c'est-à-dire les claviers, les transmissions de mouvement, etc.

PARTIE HARMONIQUE. — Plus un tuyau est long, plus le son qu'il produit est grave ou bas ; et si un tuyau d'une certaine longueur produit un *ut*, par exemple, un tuyau de la moitié de cette longueur produira l'*ut* suivant en montant, et un tuyau du double de longueur produira l'*ut* suivant en descendant. — Il va sans dire que la grosseur d'un tuyau doit être proportionnée à sa longueur.

Les tuyaux se divisent en deux classes principales : *tuyaux à bouche* et *tuyaux à anche*.

Tuyaux à bouche. — Ces tuyaux parlent au moyen d'une embouchure faite exactement comme celle du flageolet. On les divise en *tuyaux ouverts* et *tuyaux bouchés*, selon que le bout opposé à l'embouchure est ouvert ou fermé.

Le plus grand tuyau à bouche ouvert a trente-deux pieds de longueur, — l'usage d'évaluer la longueur des tuyaux d'orgue en pieds, pouces et lignes s'est conservé, — le plus petit n'a que quelques lignes.

Un tuyau bouché donne un son aussi bas que celui d'un tuyau ouvert qui a le double de longueur ; mais le volume de son du tuyau bouché n'est que moitié de celui du tuyau ouvert.

Les tuyaux sont placés dans l'orgue verticalement, l'embouchure vers le bas.

Tuyaux à anche. — Les tuyaux se divisent en *tuyaux à anche battante* et *tuyaux à anche libre*.

Les tuyaux à anche battante, qui étaient les seuls connus autrefois, parlent au moyen d'une embouchure semblable à celle de la clarinette, mais entièrement en cuivre. Une lame mince se trouve dans un courant d'air qui la fait vibrer ; en vibrant elle bat contre un petit conduit en forme de gouttière, et le son est produit.

Dans les tuyaux à anche libre, le son est produit comme dans l'harmonium, l'accordéon, etc., c'est-à-dire au moyen d'une lame de cuivre qui vibre, mais sans battements ni frottements, dans un petit châssis également de cuivre.

Jeux. — Une série du tuyaux de la même espèce, — un tuyau pour chacune des notes du clavier, — s'appelle un *jeu*.

Un jeu se désigne principalement par la longueur du tuyau à bouche, ouvert, qui donne l'unisson de son *ut* le plus bas.

Ainsi, les jeux composés de tuyaux à bouche, ouverts, prenant, le plus souvent, le nom de *flûtes*, on a : la *flûte de 32 pieds*, la *flûte de 16 pieds*, la *flûte de 8 pieds* et la *flûte de 4 pieds* ; puis, sous les noms de *quinte, doublette*, etc., les flûtes de trois pieds, deux pieds, etc.

Notre orgue ne possède pas de flûte ouverte plus grande que huit pieds.

Les jeux de tuyaux à bouche, bouchés, prennent le noms de bourdons : *bourdon de 32 pieds*, — il a seize pieds de longueur, — *bourdon de 16 pieds*, — il a huit pieds, — *bourdon de 8 pieds*, — il a quatre pieds.

Notre orgue possède les deux derniers de ces jeux.

Les jeux d'anches commencent aussi au 32 pieds ; ils sont ouverts.

Le jeu de trente-deux pieds à anches s'appelle *bombarde*, celui de huit pieds se nomme *trompette*, et celui de quatre pieds *clairon*.

Notre orgue possède ces trois derniers, et sa bombarde descend jusqu'au *la* du trente-deux pieds.

Tels sont les jeux qui forment le fonds de toutes les orgues, et même les jeux à bouche de trente-deux, seize, huit, quatre et deux pieds s'appellent *jeux de fonds* ; mais les jeux de trente-deux pieds ne se rencontrent que dans les orgues de très-grandes dimensions.

Les plus grands tuyaux à bouche sont ordinairement

en bois et de forme prismatique à base carrée, excepté ceux qui font partie de la façade de l'orgue et qui composent ce qu'on appelle la *montre;* le corps de ces derniers est cylindrique et en étain fin.

Le corps des moyens ou petits tuyaux à bouche est aussi de forme cylindrique, mais en étain plus ou moins mélangé de plomb.

En variant la forme des tuyaux et des embouchures on a obtenu une plus grande variété de timbres et, ainsi, des jeux que l'on a appelés *jeux de fantaisie.*

Ces jeux sont :

1° Pour les jeux à bouche, le *salicional,* — dont les sons ont une certaine analogie avec ceux du violoncelle, — la *viole de gambe,* la *flûte harmonique,* la *flûte octaviante,* etc.

Aucun de ces jeux, qui sont d'invention plus ou moins moderne, ne se trouve dans notre orgue.

2° Pour les jeux à anche battante, la *voix humaine,* le *cromorne,* le *hautbois,* la *trompette harmonique,* etc.

Notre orgue possède les trois premiers de ces jeux; mais on peut, sans aucune restriction, appliquer à la voix humaine les paroles suivantes empruntées à Adrien de La Fage, l'un des musiciens les plus érudits de ce siècle, et par lesquelles à diverses reprises, et dans la même petite brochure, il revient à la charge contre ce jeu : « Il ne fournit d'ordinaire qu'un son aigre ou criard, parce que le corps sonore est trop court pour se trouver en rapport avec les vibrations de l'anche..... On sait que les sons de ce jeu, qui se rapprochent plus du bêlement de la chèvre que de la voix de l'homme, chevrottent davantage encore par leur union avec le tremblant que l'on joint d'ordinaire à la voix humaine..... Le principe des harmoniques appliqué à la voix humaine l'a dépouillée de ce qu'elle offre d'inconvenant ou même de ridicule dans des instruments souvent fort estimables d'ailleurs. »

Le *tremblant* est un petit mécanisme qui modifie le vent de telle sorte que les sons tremblent.

On dit que la voix humaine de notre orgue est susceptible d'amélioration.

3° Pour les jeux à anche libre, la *clarinette*, l'*euphone*, etc.

Nous ne possédons qu'une basse d'euphone, elle est au petit orgue.

Certains jeux font entendre plusieurs sons, ont plusieurs tuyaux pour chaque note : par exemple le *plein-jeu*, le *cornet* et les *voix-célestes*.

Notre grand orgue possède les deux premiers de ces jeux.

Les jeux qui doivent dominer dans un orgue sont ceux de huit pieds, qui sont à l'unisson du piano et du plus grand nombre des instruments de l'orchestre.

SOUFFLERIE. — Une *soufflerie* ancienne se compose d'un plus ou moins grand nombre de soufflets, selon l'importance de l'instrument ; ces soufflets ressemblent assez aux gros soufflets de cuisine ; leur dessus et leur dessous sont rectangulaires et se nomment *tables*.

Notre grand orgue a huit de ces soufflets ; leurs tables ont 1 mètre 90 cent. de longueur sur 85 cent. de largeur.

Les soufflets sont fixés, par la table inférieure, de manière qu'une ligne horizontale diviserait en deux parties égales l'intervalle qui sépare leurs deux tables lorsqu'ils sont pleins.

Pour qu'un soufflet s'emplisse on soulève la table de

dessus au moyen d'une bascule formant levier; cette table, est chargée d'un poids assez considérable et elle redescend d'elle-même au fur et à mesure que le vent se dépense.

Des conduits en bois, appelés *gros portevents*, mènent le vent dans différents compartiments qui se nomment *laies*.

Une telle soufflerie a deux inconvénients principaux : Elle cause beaucoup de fatigue à ceux qui la font agir, et elle fournit un vent dont la force est la même pour les notes graves et pour les notes aiguës.

Dans une soufflerie moderne, les soufflets, qui alors se nomment *pompes*, sont moins nombreux, moins gros, et, par conséquent, plus faciles à manœuvrer.

Les pompes sont fixées par leur table supérieure, qui est horizontale; la table inférieure descend d'elle-même, alors la pompe est aspirante; la pompe devient foulante lorsqu'on appuie sur la bascule.

Les pompes alimentent des *réservoirs;* parmi ces réservoirs il y en a qui sont à pressions différentes et qui fournissent : pour les sons graves, un air envoyé mollement; pour les sons aigus, un air chassé énergiquement; et enfin, pour les sons du médium, un air d'une force modérée.

Les personnes qui jouent d'un instrument à vent comprendront tout l'avantage d'un pareil système.

MÉCANISME. **Sommier. Faux-Sommier.** — La principale pièce du mécanisme d'un orgue est le *sommier*.

Un sommier ressemble assez à un plancher formé avec des solives, et dont le dessous est plafonné et le dessus planchéié.

Chaque entrevous, qui s'appelle ici *gravure*, correspond avec tous les différents tuyaux d'une même note.

Au bout de chaque gravure se trouve une ouverture garnie d'une *soupape*.

C'est à l'aide du sommier que se règle la dépense d'air, et cela de manière que l'organiste peut, à sa volonté, faire parler n'importe quelle note, et pour cette note n'importe quel jeu ou quelle combinaison de jeux.

Le sommier porte les tuyaux, excepté les plus grands tuyaux à bouche.

Les tuyaux qui ne sont pas sur le sommier sont dits *postés*.

L'extrémité par laquelle les tuyaux reçoivent le vent se nomme le *pied*.

Les tuyaux placés sur le sommier reçoivent le vent immédiatement du sommier ; les tuyaux postés le reçoivent au moyen de *petits portevents* en plomb qui partent du sommier.

Les tuyaux placés sur le sommier sont maintenus verticalement par le *faux-sommier*, qui est un plancher mince percé de trous à travers lesquels les pieds des tuyaux passent. Le faux-sommier se trouve à environ dix centimètres du sommier.

Les tuyaux postés sont maintenus par des moyens aussi simples.

Les tuyaux de montre sont des tuyaux postés ; mais, cela va sans dire, seulement ceux qui parlent, car dans une montre souvent il y a des tuyaux qui ne servent qu'à garnir.

Il y a dans la montre de notre grand orgue beaucoup de tuyaux muets ; ce sont les plus grands qui parlent.

A l'un des bouts du sommier se trouve la laie.

Les notes s'obtiennent au moyen des soupapes qui se

trouvent à l'ouverture des gravures et qui sont renfermées dans la laie; ces soupapes sont mues à l'aide d'un mécanisme qui se trouve entre elles et les touches du clavier.

Aujourd'hui beaucoup de sommiers ont deux laies : l'une renferme les soupapes des jeux à bouche, l'autre les soupapes des jeux d'anches.

Abrégés. — L'ensemble des principales pièces qui servent à transmettre le mouvement des touches aux soupapes, s'appelle *abrégé*.

Registres. — Tous les tuyaux d'un même jeu, parlent ou se taisent sur toutes les touches du clavier, selon que, au moyen d'une règle mobile percée d'autant de trous qu'il y a de touches, on a ouvert ou fermé les passages que l'air doit suivre pour se rendre à chacun des tuyaux de ce jeu : Cette règle mobile s'appelle *registre*.

Tirants. — Un registre est mis en mouvement à l'aide d'un mécanisme qui commence par une pièce appelée *tirant*, placée à la portée des mains de l'organiste.

La menuiserie qui enveloppe les tuyaux et le mécanisme s'appelle *buffet*, notre grand orgue a deux buffets.

Grand orgue. — Un grand orgue d'église est ordinairement formé de la réunion de plusieurs orgues, chacun de ces instruments ayant son clavier, son mécanisme et un ou plusieurs sommiers. Notre orgue réunit ainsi cinq instruments différents.

Derrière la montre du grand buffet se trouve l'orgue principal, appelé *grand orgue*.

Dorénavant, lorsque je dirai grand orgue ce sera de cet orgue principal que je parlerai; quand je voudrai parler de tout l'ensemble des cinq instruments je dirai l'orgue.

Positif. — Dans le petit buffet existe un autre orgue, moins fort, appelé *positif*.

Récit. — Dans le grand buffet, au-dessus du grand orgue, il y a un petit orgue qu'on appelle *récit*. Les jeux de cet orgue n'ont point de basses, leur plus grand tuyau est de deux pieds ; aussi le clavier du récit n'a-t-il que la moitié de l'étendue de ceux du grand orgue et du positif.

Le nom de récit vient de ce qu'autrefois cet orgue ne servait qu'à l'exécution des *soli*, qu'on appelait ordinairement récits.

Echo. — Au-dessous du grand orgue il y a un orgue encore plus petit que le récit ; on le nomme *écho* parce que, cet orgue se trouvant masqué par la menuiserie, ses sons ont beaucoup de douceur et, dans certains passages, semblent produits par un écho véritable.

Pédales. — Enfin, de chaque côté du grand orgue, les *pédales*, ainsi nommées parce que les touches de leur clavier sont attaquées avec les pieds.

Tirasses. — Il y a des orgues qui ont un clavier de pédales sans en avoir les jeux ; alors les touches de ce clavier s'appellent *tirasses* et elles font parler les notes basses du clavier à mains.

Notre orgue de chœur, l'orgue du pensionnat de Saint-Joseph et celui du collége Saint-Vincent ont des tirasses ; ce dernier a deux claviers à mains.

Nos cinq claviers adhèrent au grand buffet. Les quatre claviers à mains sont disposés en escalier et dans l'ordre suivant, en montant : positif, grand orgue, récit, écho.

L'étendue des claviers du grand orgue et du positif est celle-ci : *ut, ré, mi, fa, sol, la, si, ut, ré, mi, fa, sol, la, si, ut, ré, mi, fa, sol, la, si, ut, ré, mi, fa, sol, la, si, ut, ré.*

Je ne parle pas ici des touches appelées *dièses* ou *bémols,* qui font que le nombre total des touches de chacun de ces claviers est de cinquante. L'*ut dièse* grave manque.

Le premier *ut* correspond au troisième du clavier du piano moderne.

Le clavier des pédales commence par le *la* qui se trouve au-dessous de l'*ut* grave du clavier du grand orgue; son étendue est : *la, si, ut, ré, mi, fa, sol, la, si, ut, ré, mi, fa,* total, avec les dièses ou bémols, vingt-et-une touches.

Aujourd'hui les claviers à mains ont l'*ut dièse* grave et ils montent jusqu'au *sol;* alors leurs touches sont au nombre de cinquante-six.

On peut faire avancer le clavier du grand orgue un peu au-dessus de celui du positif; alors on fait parler ces deux orgues en jouant sur le clavier du grand orgue, mais les touches sont plus dures à enfoncer.

Ainsi réunis, les claviers sont dits *accouplés.*

Dans les instruments plus considérables il y a, — toujours avec un clavier spécial, — un orgue appelé *bombarde,* parce qu'il se compose, outre plusieurs jeux d'une certaine force, d'une bombarde de seize pieds.

J'ai déjà indiqué quelques changements introduits dans les orgues modernes, en voici encore d'autres :

1° Beaucoup de pièces du mécanisme, qui se faisaient en bois, se font aujourd'hui en fer ou en cuivre.

2° Le clavier du récit a la même étendue que ceux du grand orgue et du positif.

3° Le récit est enfermé dans une boîte; le devant de cette boîte est formé d'une jalousie que l'on ouvre plus ou moins à l'aide d'un mécanisme mu par une pédale. Par ce moyen on peut nuancer les sons, c'est-à-dire en varier la force, et donner ainsi plus d'expression à l'exécution musicale ; aussi la boîte dont nous parlons s'appelle *boîte expressive* ou *boîte d'expression*.

Outre le grand avantage qu'elle a de permettre de nuancer les sons, la boîte expressive a encore celui de conserver les pièces qu'elle contient en les garantissant de la poussière, et, aujourd'hui, il arrive quelquefois que l'on enferme aussi le positif dans une boîte expressive.

Enfermés dans une boîte expressive, les jeux du positif deviennent des jeux de récit quand on veut ; alors on peut se servir du positif comme d'un récit *et vice versa*, pourvu, bien entendu, que les jeux qui composent ces deux orgues soit convenablement choisis. Enfin, les effets qui peuvent s'obtenir à l'aide de ces deux boîtes expressives sont très beaux et très variés.

L'idée d'enfermer le positif dans une boîte expressive lorsqu'il y en a déjà une au récit, est de M. Hamel (1); la mise à exécution de cette idée fut proposée pour la première fois, en 1863, par M. Hamel lui-même, à l'occasion d'un projet de reconstruction de notre orgue (2).

4° Les effets produits au moyen de la boîte expressive rendent l'écho tout-à-fait inutile : aussi la facture moderne l'a-t-elle supprimé.

5° Le clavier du positif se place au-dessus de celui du

---

(1) M. Hamel, juge au tribunal de Beauvais, amateur distingué de facture d'orgue, auteur du meilleur ouvrage qui ait été écrit sur cette matière, membre de diverses commissions nommées pour la réception des plus belles orgues de Paris, etc.

(2) J'ai eu la satisfaction de pouvoir installer, pour notre récit, une boîte expressive qui fonctionne aussi bien que pouvaient le permettre le peu d'argent et, surtout, le peu de place dont il m'était permis de disposer. D'autres avaient échoué dans cette petite entreprise.

grand orgue. On attaque mieux les *forte* en passant à un clavier plus bas, et puis, lorsqu'un orgue n'a que deux claviers, l'orgue que fait parler le clavier supérieur est rendu expressif et sert de positif ou de récit, à volonté.

6° Certains registres ou certains ensembles de registres sont mis en mouvement à l'aide de pédales.

7° Pour faire entendre, par l'action d'un seul clavier, des notes qui appartiennent à des claviers différents, il n'est plus nécessaire d'avancer ou de reculer aucun clavier ; ce résultat s'obtient à l'aide d'un mécanisme mu par des pédales ; et l'on peut ainsi, en jouant sur un seul clavier, réunir deux à deux, trois à trois, ou tous, le grand orgue, le positif, etc.

8° A l'aide d'un mécanisme intermédiaire inventé par M. Barker, et nommé *levier pneumatique* par M. Hamel, toutes ces diverses réunions n'offrent au toucher qu'une résistance faible et invariable.

Le levier pneumatique s'appelle quelquefois *machine pneumatique* ou *machine Barker*.

Toutes les pédales à l'aide desquelles on obtient des variétés d'effets s'appellent *pédales de combinaison*.

9° Les claviers, les tirants et les pédales de combinaison sont installés sur une sorte de console et de manière que l'organiste soit tourné du côté du chœur ou du côté de l'autel.

Il y a des orgues qui ont leurs claviers sur le côté du buffet : par exemple le grand orgue de l'église Sainte-Marie, à Batignolles, Paris.

II

RÉPONSE A DIVERSES QUESTIONS

Je commence cette deuxième partie en avertissant le

lecteur qu'elle n'est, pour ainsi dire, que le développement des idées de M. Hamel sur la reconstruction de notre orgue ; idées que j'ai toujours respectées et toujours partagées.

Dans la reconstruction d'un orgue comme le nôtre, on voit bien trois intérêts à concilier : l'intérêt de l'art, — musical et architectural, — l'intérêt de la fabrique et l'intérêt du facteur ; mais il y en a encore un autre dont on ne paraît pas se préoccuper beaucoup dans les projets du moment : c'est l'intérêt de ceux qui viendront après nous ; il faut faire en sorte de ne pas mériter leur blâme pour l'instrument qu'on leur léguera, mais de se créer un titre à leur reconnaissance.

On devra donc construire un instrument composé d'un grand orgue, d'un positif expressif, d'un récit expressif et de pédales.

Chacun des claviers à mains s'étendra de *ut* 1 à *sol* 5, cinquante six touches.

L'étendue du clavier des pédales sera, d'après M. Hamel, de *sol* au-dessous de l'*ut* grave des claviers à mains à *ut* 3, trente touches. — Nous reviendrons sur ce sujet.

La soufflerie devra être puissante et construite à la manière moderne, avec des réservoirs de différentes pressions.

Les laies seront doubles où cela est nécessaire.

Il y aura une machine pneumatique et un certain nombre de pédales de combinaison.

Tous les jeux de l'orgue actuel pourront être employés après avoir été réparés, complétés, ou transformés.

Ici, je trouverai peut-être des contradicteurs : Il y a dans notre orgue, dira-t-on, des jeux qui ne peuvent plus servir ; je répondrai :

1° Comment se fait-il que l'on ait trouvé mauvais des jeux qui avaient été trouvés bons par M. Hamel, qui connaissait bien l'instrument ?

2° Comment se fait-il que ce ne soit pas toujours les mêmes jeux, qui aient été trouvés mauvais par les facteurs, et qu'ainsi on voit, en comparant divers devis, que chaque jeu a été trouvé bon, soit par un facteur, soit par un autre ?

D'ailleurs les jeux d'un orgue ne sont pas inamovibles ; on peut quand on veut remplacer un jeu par un autre qui n'exige pas une autre place. M. le curé de Clermont l'a fait voir il y a peu de temps en annonçant une solennité où l'on devait entendre, principalement, des jeux nouveaux admis dans son orgue comme remplaçants.

Quels sont les jeux qu'il conviendra de placer sur chaque sommier ? L'examen de cette question serait trop long : je dirai seulement que les jeux fondamentaux, les flûtes et les jeux à anche battante, devront être répétés suffisamment sur chacun des claviers. Par exemple il faudra, au grand orgue, une bombarde, une première et une deuxième trompette et un clairon.

Le nombre total des jeux devra être de quarante-quatre ; M. Hamel l'avait fixé à quarante-trois, mais je crois qu'il avait oublié un jeu.

Avec moins, il est difficile de faire tout-à-fait bien ; M. Magne, qui était alors président du conseil de fabrique, me chargea de rédiger, de concert avec un facteur aujourd'hui décédé, un projet de combinaison de jeux et il fixa leur nombre à quarante ; nous ne pûmes arriver à rien de réellement satisfaisant (1).

---

(1) L'orgue de la petite église Notre-Dame de Lorette, à Paris, a quarante-sept jeux, celui de Saint-Roch cinquante-deux.

Notre orgue ne possédant que trente-trois jeux, — mille six cent trente-sept tuyaux — on ajoutera une flûte de seize pieds et une bombarde au grand orgue, une flûte de seize pieds aux pédales et des jeux modernes.

Le grand orgue a quatorze jeux; M. Hamel en supprime un, qui tient très-peu de place, et, nous venons de le voir, il ajoute deux jeux de seize pieds. Parmi les autres jeux du grand orgue, il y en a trois qui n'ont point de basses, c'est-à-dire qu'il manque ainsi trente-trois tuyaux de deux à quatre pieds et trente-trois de quatre à huit pieds, ce qui fait encore soixante-six tuyaux à ajouter.

Les jeux du positif ne sont pas assez nombreux, et parmi ces jeux il y en a deux qui n'ont point de basses; un bon positif ne pourrait donc point tenir dans le petit buffet actuel.

Assez souvent on place le positif dans le pied du buffet du grand orgue.

Nous avons vu que dans le grand buffet actuel l'écho, le grand orgue et le récit sont placés l'un au-dessus de l'autre; mais l'écho et le récit sont on ne peut plus réduits : le récit n'a que trois jeux, l'écho n'en a que deux, et tous ces jeux ne commencent qu'à l'*ut* de deux pieds; il n'ont donc point de basses.

Aujourd'hui, l'écho étant supprimé, on aurait à placer dans le grand buffet le positif, le grand orgue et le récit; de plus, les jeux du positif devront — ceci d'après un désir tout particulier de M. Hamel — être enfermés dans une boîte expressive qui tiendra bien aussi une certaine place.

Le grand orgue, le positif et le récit, tels que viens je viens de les indiquer, sont donc bien plus que suffisants pour remplir le grand buffet, et cependant il faut encore trouver place pour la machine pneumatique, et surtout pour les pédales dont les premiers tuyaux sont si volumineux.

Dans notre orgue, les jeux de pédales sont : une flûte de 8, une de 4, une bombarde, une trompette et un clairon; tous les principaux jeux à anche battante s'y trouvent, mais il manque aux jeux à bouche une flûte de 16.

Aux six jeux principaux qui viennent d'être nommés, il sera nécessaire d'ajouter, au moins, deux jeux de fantaisie, l'un à bouche et l'autre à anche. M. Hamel avait fixé à dix le nombre des jeux de pédales.

Notre clavier de pédales commence au *la* au-dessous du premier *ut* des claviers à mains; le nouveau commencera — si l'on exécute le projet de M. Hamel — au *sol*.

Le but des jeux des pédales était autrefois de produire des sons plus graves et plus pleins que ceux des jeux des claviers à mains; mais pour obtenir ces sons, où réside la majesté de l'orgue, il faut des tuyaux assez coûteux : aussi les facteurs suppriment peu à peu ces tuyaux et condamnent le clavier des pédales à ne descendre que jusqu'à l'*ut*; puis, par une sorte de compensation, ils font monter les pédales jusqu'au *ré* et même jusqu'au *fa* de la troisième octave.

Aujourd'hui, quand un organiste demande des notes au-dessous de l'*ut* grave, ont lui répond que ces notes gênent pour trouver cet *ut*; mais les notes ajoutées par en haut au-dessus du troisième *ut*, limite naturelle du clavier des pédales, et qui ne sont qu'un luxe peu utile, est-ce qu'elles ne gênent pas pour trouver l'*ut* aigu?

Quand on demande des notes de pédales au-dessous de l'*ut* grave, on vous répond encore : mais les plus grands instruments eux-mêmes n'en ont pas. J'en conviens volontiers si l'on veut convenir aussi que les plus grands instruments ont des jeux de trente-deux pieds, et qu'ainsi il peuvent produire des sons bien au-dessous du *sol* indiqué comme limite basse par M. Hamel.

L'organiste désire seulement que les pédales descendent jusqu'au *la,* comme dans un certain nombre d'orgues : par exemple, sans aller chercher loin, notre orgue et celui de l'église de Chantilly. On dira peut-être que notre orgue est vieux ; c'est vrai, sans cela on ne le reconstruirait pas ; mais celui de Chantilly est presque neuf, et pour faire descendre son clavier de tirasses jusqu'au *la,* il a fallu des tuyaux et des portevents spéciaux.

Pour que les pédales de l'orgue neuf descendissent jusqu'au *la* et avec les jeux d'anches seulement, ainsi que cela a lieu dans l'orgue actuel et aussi dans d'autres, il suffirait presque de ne pas supprimer les plus grands tuyaux de notre vieil orgue.

Si, en montant l'orgue d'un ton ainsi qu'on sera obligé de le faire pour le mettre au diapason normal, on retranchait ses notes de pédales qui sont plus basses que l'*ut,* il arriverait que le nouvel orgue aurait, au grave, cinq notes, deux tons et demi, enfin, — pour parler en musicien, — une *quarte* de moins que l'ancien. Le plus grand des tuyaux, en étain, que l'on retrancherait ainsi à 5 mètres 90 cent. de longueur.

C'était sans doute pour ne rien retrancher des sons graves, que M. Hamel proposait de faire descendre les pédales jusqu'au *sol.* A l'orgue de la cathédrale de Beauvais, et à beaucoup d'anciens instruments, elles descendent jusqu'au *fa.*

Nous avons vu que le grand buffet ne suffit pas pour loger le grand orgue, le positif et le récit ; il faut donc chercher ailleurs pour les pédales : Quelquefois on les établit dans une sorte de grande armoire à part (1).

Le placement de certains jeux en dehors du buffet peut être fort dispendieux : ainsi, un facteur évaluait à 2,600 francs le surcroît de dépense occasionné par l'installation du positif seulement ailleurs qu'à sa vraie place.

Puisqu'il est démontré que le nouvel orgue ne pourra tenir dans le vieux buffet, la nécessité d'un buffet neuf est prouvée.

Mais on désirerait garder l'ancien buffet : examinons donc les inconvénients que cela présenterait. Quant aux avantages, je n'en connais aucun.

Si l'on garde l'ancien buffet, aura-t-il des annexes pour renfermer les jeux qu'il ne pourra contenir ? mais pour arriver à ces jeux il faudra multiplier les portevents et compliquer le mécanisme ; deux choses qui sont loin de contribuer à la bonté de l'instrument.

Mettra-t-on le récit à sa vraie place, c'est-à-dire au-dessus du grand orgue ? mais alors on verrait ce que M. Danjou, autrefois organiste à Notre-Dame de Paris, appelle les baillements de la boîte expressive. Cela serait affreux, on en peut juger par les exemples qui se rencontrent dans quelques églises de Paris.

Il serait peut-être plus simple de faire une sorte d'armoire assez grande pour renfermer tous les jeux, moins

---

(1). Quant les Frères de la doctrine chrétienne avaient leur maison mère rue du Faubourg Saint-Martin, à Paris, la chapelle de cette maison possédait un orgue dont les pédales étaient installées dans une pièce voisine, séparée de la chapelle par de grands châssis vitrés qui pouvaient s'ouvrir.

ceux des pédales si l'on veut, et de lui donner pour façade celle du buffet actuel ; mais cette façade ne présente pas une ouverture suffisante pour livrer passage aux sons d'un orgue beaucoup plus fort que celui qui existe.

On pourrait, sans doute, percer des ouvertures sur les côtés de cette grande armoire ; mais les inconvénients suivants, qu'offre la façade du grand buffet actuel, n'en existeraient pas moins :

1° Elle ne permet pas de placer en montre des tuyaux proportionnés à la force de l'instrument projeté.

2° Elle n'est pas dans le style de l'édifice, et sa hauteur n'est pas en rapport avec celle de la tribune, — je vais, dans un instant, dire comment cela se fait : — ainsi l'intervalle laissé entre le milieu du grand buffet et la voûte est de 5 mètres 54 cent.

3° Elle exige que l'on conserve la façade du positif, qui est l'accompagnement obligé de celle du grand buffet, et, quoique cette façade du positif n'ait plus, quand l'orgue sera reconstruit, d'autre effet que de gêner l'organiste, en interceptant la vue et le jour, il faudra la garnir d'une montre neuve, encore pour accompagner la façade du grand buffet.

A la suite de cette énumération des désavantages qu'il y aurait à se servir de la façade du grand buffet, je pourrais ajouter un *etc.*, au moins, sans sortir du vrai.

On voit qu'il faut nécessairement avoir un buffet entièrement neuf, assez large et surtout assez haut pour présenter une belle montre et renfermer le grand orgue, le positif, le récit et la machine pneumatique, disposés, les uns par rapport aux autres, de la manière la plus convenable.

Au milieu de la montre il y aurait de très grands tuyaux derrière lesquels se trouverait caché le récit avec sa boîte d'expression : Ainsi à la place d'un tuyau de 2 mètres 27 cent. qui se trouve au milieu de la montre actuelle on pourrait avoir un tuyau de plus de 5 mètres.

Alors que faire des deux buffets qui existent? Tâcher de les vendre.

A qui? Aux Pères-Maristes de l'institution de Saint-Vincent qui ont, je crois, l'intention d'avoir, à une époque plus ou moins rapprochée, un grand orgue.

Ce serait un marché également avantageux pour les vendeurs et pour les acquéreurs; car, à Saint-Vincent, ces buffets prendraient une valeur historique qu'ils sont loin d'avoir à la Cathédrale.

Voici comment : je tiens ceci de M. Léchopié qui était organiste de la Cathédrale en 1850.

Lors de la révolution du siècle dernier, l'église de St-Vincent possédait un grand orgue, celui dont les buffets se trouvent maintenant à Notre-Dame : on voit même sur les panneaux de la façade du grand buffet le chiffre S V et les palmes du martyre. Cet orgue était joué par M. Léchopié, reçu organiste de l'abbaye de Saint-Vincent, en 1788.

Pendant la même révolution, l'intérieur de l'orgue de cette abbaye fut dévasté et l'orgue qui existait à la cathédrale fut entièrement détruit.

Après la révolution, la cathédrale se trouva sans orgue, et l'église de Saint-Vincent sans culte; alors ce qui restait de l'orgue de Saint-Vincent devint la propriété de la Cathédrale, et l'instrument fut complété.

Puis, enfin, ayant l'orgue de Saint-Vincent, les administrateurs de Notre-Dame voulurent, par délicatesse, avoir aussi l'organiste, tout en conservant le leur; et c'est ainsi que la paroisse eut deux organistes pour l'orgue de la tribune jusqu'à la mort de M. Christophe.

A présent, on sait comment il se fait que notre orgue n'est pas dans le style de l'édifice, et aussi pourquoi ses dimensions ne sont pas en rapport avec la place qu'il occupe.

Il reste, dans la tribune, des traces qui attestent que les buffets de l'ancien orgue étaient bien plus grands que ceux d'aujourd'hui.

Il y a une dizaine d'années, à peu près, on a fait enlever, par M. Puissant, entrepreneur, une balustrade en pierre qui laissait un grand vide de chaque côté du positif actuel, mais qui autrefois, m'ont dit MM. Christophe et Léchopié, venait se terminer à chacun des côtés du buffet de l'ancien positif. Dans les mesures que j'ai dû prendre, sur la demande de M. Hamel, j'ai pu constater que le buffet de ce positif avait 3 m. 21 c. de largeur, tandis que le buffet du positif actuel n'a que 2 m. 33 c.

Sur le devant de la tribune on voit une saillie qui devait se raccorder avec l'ancien buffet du positif, et qui semble protester contre les dimensions restreintes des buffets actuels.

On pourrait établir les proportions suivantes, mais sans garantir qu'il y ait un parfait accord entre elles :

1° Le buffet de l'ancien orgue de la cathédrale devait être, à la grandeur de l'édifice, comme nos vieux buffets sont à la grandeur de l'église de Saint-Vincent.

2° La façade du grand buffet actuel est à une façade de grandeur convenable, comme l'église de Saint-Vincent est à la cathédrale, ou bien comme 2 mètres 33 cent. sont à 3 mètres 16 cent.

Dans un temps où il s'agissait fort de la reconstruction

de l'orgue, on parlait d'avoir un buffet entièrement neuf, on en avait reconnu la nécessité ; M. Magne étudia même la question de la forme et des ornements à donner à ce buffet. J'ignore quels ont été les résultats de cette étude ; nous allons donc examiner nous-mêmes ce que devra être un buffet neuf.

Dans le milieu de la montre doivent se trouver de très-grands tuyaux : l'effet général l'exige autant que la boîte expressive du récit, car c'est là que la tribune a le plus de hauteur.

Il y a derrière l'orgue, vers le haut de la tribune, une grande fenêtre que ne recommandent guère ses verres de couleurs ; cette baie répand un jour éblouissant qui empêche de bien voir la façade de l'instrument. Donc, une façade assez haute dans son milieu aurait encore l'avantage de cacher la grande fenêtre et d'être mieux vue.

Dans un orgue, ce qui fait le plus bel effet, ce qui est le plus imposant à la vue, ce sont les grands tuyaux.

On pourrait ne pas faire de tourelles et mettre un grand nombre de tuyaux en montre, alors la menuiserie de la façade serait réduite à très-peu de chose ; de plus, la façade de l'orgue de la tribune se trouverait en harmonie avec celle de l'orgue de chœur (1).

La disposition de la façade devra être telle qu'elle ne puisse souffrir l'accompagnement d'une deuxième façade représentant un positif.

En 1859 un facteur a présenté un devis qui renfermait le dessin d'une façade comme celle que je viens de

---

(1) La façade de l'orgue de chœur est garnie de beaux tuyaux ; mais il est fâcheux que ses dimensions ne soient pas en rapport avec la place occupée par l'instrument.

décrire; la façade proposée a bien été un peu critiquée pour les détails de son ornementation, mais l'ensemble a été trouvé d'un bel effet.

Les principales dispositions de la façade étant arrêtées, le menuisier pourrait consulter l'architecte de l'église pour les détails.

Le prix d'un buffet entièrement neuf ne peut pas effrayer si l'on considère : 1° Que, du buffet actuel, il n'y a guère que la façade qui puisse servir de nouveau et qu'à cet effet elle devra être déplacée, replacée, réparée, complétée à l'endroit qu'occupent les claviers, nettoyée, peinte et vernie. 2° Que cette façade exige que l'on fasse à peu près les mêmes travaux pour la façade du positif, et de plus, encore pour celle-ci, la dépense d'une montre inutile et même incommode.

Il me semble qu'avec l'argent nécessaire pour toutes ces choses et le prix que l'on pourrait retirer de la vente des buffets actuels on arriverait à un certain acompte sur le prix d'une façade convenable.

Mais, un buffet de dimensions suffisantes remplira toute la tribune : il faudra donc agrandir celle-ci par devant, ou, bien mieux, en construire une autre qui soit assez spacieuse. Ne parlons pas de l'agrandissement qui, sans doute, ne produirait rien de correct ni d'élégant, abordons la question d'une tribune neuve.

La reconstruction de l'orgue est la seule bonne occasion qui puisse s'offrir pour faire disparaître la tribune actuelle « *si peu en rapport avec le style de l'édifice,* » et dont les lourdes bases tiennent une place immense et cachent quatre côtés des plus beaux piliers de l'église; il faut donc profiter de cette occasion.

Je sais bien que le remplacement de la tribune existante est un projet dont l'exécution aurait ses difficultés et qui demande une étude particulière.

D'abord, il faut considérer que la cathédrale de Senlis est classée parmi les monuments historiques et que pas une de ses pierres ne peut être touchée, pour ainsi dire, sans l'approbation de l'architecte du gouvernement.

L'orgue est placé un peu bas, pour l'ouïe comme pour la vue ; si l'on construisait une autre tribune il faudrait qu'elle fût plus élevée que celle-ci ; cependant on ne pourrait pas l'élever assez pour qu'elle se raccordât entièrement avec les bas côtés, ainsi que cela a lieu à Saint-Vincent-de-Paul, à Saint-Roch, etc. ; parce qu'il n'y aurait plus assez de distance jusqu'à la voûte.

Le mieux donc serait peut-être, puisque la tribune actuelle ne peut plus suffire, d'avoir une tribune comme celle de l'église Saint-Laurent, qui me paraît être en fer. On m'a déjà dit qu'une tribune de cette sorte ne serait sans doute pas admise dans un monument historique comme le nôtre ; j'ai répondu : Mais il y en a bien une dans la cathédrale de Noyon, laquelle est au moins aussi historique.

Une tribune construite ainsi qu'il vient d'être dit en dernier lieu, aurait l'avantage d'être moins dispendieuse, de pouvoir être disposée de la manière la plus favorable pour l'instrument, de permettre le dégagement de toutes les parties architecturales environnantes, et enfin d'ôter à l'entrée principale de l'église la ressemblance qu'elle a avec une descente de cave. — Je me sers ici de l'expression employée par tous. — Que l'on trouve le moyen d'obtenir un plus grand nombre d'avantages, je le désire.

L'aspect des deux entrées latérales est gâté par le grossier massif en maçonnerie qui remplit les entre-colonnements (1).

Comment sera la balustrade de la tribune ?

La saillie de deux gros piliers latéraux et l'arc brisé qui repose sur leurs chapiteaux commencent, en avant de l'orgue, un encadrement qui est loin d'être favorable à la propagation des sons ; la balustrade et le positif actuels complètent cet encadrement et en forment la partie la plus désavantageuse sous le rapport de l'acoustique. Cela devient plus sensible lorsque des chœurs ou des instruments, par exemple le violoncelle, se font entendre au grand orgue : il sera donc utile que la balustrade soit percée à jour autant que possible. C'est une raison de plus pour faire disparaître la façade du positif.

Il se trouvera probablement des personnes qui diront que l'on n'aura jamais les ressources nécessaires pour exécuter entièrement le projet qui vient d'être exposé ; je leur réponds : Si l'on fait une tribune neuve en pierre et dans le style de l'église, on peut espérer que l'Etat viendra en aide ; en tout cas l'administration municipale y viendra certainement, quels que soient les travaux qu'on entreprenne.

Si, par impossibilité, la tribune n'était pas refaite, on

---

(1) Je voudrais voir placer, à l'entrée de la nef de droite, une dalle dont je vais expliquer le but : Dans le grand réseau trigonométrique sur lequel MM. les officiers d'état-major appuient leurs travaux, la ligne verticale passant par le centre de la boule qui se trouve au haut de notre beau clocher marque un des angles d'un triangle de deuxième ordre. Il me semble qu'il serait bien d'indiquer sur une dalle, et à leur véritable place, les coordonnées géographiques de cette verticale : latitude 49° 12' 27". — 49 degrés, 12 minutes, 27 secondes, — longitude 0° 14' 57" est. On pourrait indiquer aussi la hauteur du sol au-dessus du niveau de la mer, 74 mètres 90 cent., et la hauteur de la boule au-dessus du sol, 79 mètres 80 cent.

n'en aurait pas moins un buffet neuf dont la hauteur serait calculée en prévision d'une tribune un peu plus éloignée du sol que celle-ci.

Lorsqu'on saura à peu près à quoi s'en tenir sur la somme à dépenser et sur la somme disponible, si celle-ci n'est pas suffisante, on devra suivre l'un des plus précieux avis de M. Hamel : « En dirigeant les travaux convenablement, dit-il, on peut ne s'engager envers le facteur qu'à une partie de la dépense pour le moment, et se réserver la faculté de terminer plus tard, sans un accroissement notable de la dépense totale, ce qui n'aurait été qu'ajourné. »

Quels sont les travaux qui pourront être ajournés?

Lorsqu'il sera terminé, notre orgue devra se composer, je l'ai déjà dit, d'un grand orgue, d'un positif expressif, d'un récit expressif et de pédales. Les trois claviers à mains seront rangés dans l'ordre suivant en montant : grand orgue, positif, récit.

Des quatre orgues qui composeront l'instrument achevé, c'est le grand orgue qui est le plus important, vient ensuite le positif; c'est aussi le grand orgue et le positif qui sont plus intimement liés, leurs claviers se touchent : on pourra donc, pour le moment, faire un grand orgue et un positif expressif composés, chacun, de jeux convenables et en nombre imposant.

Le positif étant expressif remplira, au besoin, les fonctions de récit, et un clavier de tirasses, faisant parler les basses du grand orgue, suppléera aux pédales véritables. L'exécution des pièces qui se rattachent beaucoup à celles du grand orgue ou du positif, le clavier du récit par exemple, ne sera pas différée.

On fera toutes les pédales de combinaison qui se rapportent à ces deux orgues : réunion des claviers, expression du positif, etc.

Amené à ce point, l'orgue projeté serait déjà un bel instrument, un instrument infiniment supérieur à l'orgue actuel; et si l'on pouvait se le figurer comme je me le figure moi-même, je suis certain que tout le monde se rangerait à l'avis de M. Hamel; il est même probable que, une belle façade étant vue, l'argent nécessaire ne ferait pas défaut et l'on pourrait mener les travaux jusqu'à la fin, ou, au moins, ajouter les pédales; car il sera possible encore de faire séparément les pédales et le récit.

Il serait utile de garder, dans les archives de la paroisse, un plan détaillé de tout l'instrument, afin d'éviter les embarras qui pourraient survenir plus tard pour la continuation des travaux.

A quel moment pourra-t-on terminer, plus tard, sans un surcroît notable de dépense, ce qui n'aurait été qu'ajourné?

Au bout d'un certain temps, une quinzaine d'années peut-être, un orgue a besoin d'être *relevé* : opération qui consiste à ôter tous les tuyaux, les nettoyer et réparer, ainsi que toutes les autres parties de l'instrument, puis à replacer les tuyaux, vérifier leur qualité de son et accorder tous les jeux.

Le moment du *relevage* est donc celui où les changements et les additions peuvent se faire avec le moins de frais possible; puisque, à ce moment, l'orgue doit être, pour ainsi dire, démonté pièce à pièce.

Quand l'orgue de la tribune sera terminé, il faudra que l'orgue de chœur soit aussi mis au diapason normal; ce serait une occasion de faire un relevage complet, et des changements si l'on voulait.

Il serait bien difficile de ne rien dire ici à ce sujet.

L'orgue de chœur se composait primitivement de trois jeux fondamentaux : une flûte de 8, un bourdon de 8 et une trompette ; puis d'un prestant, une quinte et une doublette, et enfin d'un jeu de fantaisie à bouche, une *clarabella;* total sept jeux.

Les cinq premiers de ces jeux étaient parfaitement choisis : La trompette est divisée en dessus et basse, ce qui offre d'assez grandes ressources ; la quinte est divisée de même, cela permet de donner un certain éclat à l'ensemble des autres jeux à bouche, soit dans le dessus, soit dans la basse, à volonté.

Mais les deux autres jeux n'ont jamais pu servir à rien de bon : La doublette, — qui a été remplacée par un hautbois avec basse d'euphone, — rendait l'orgue criard — on sait que le plus grand tuyau d'une doublette n'a que deux pieds, — et la clarabella — qui n'a jamais eu de beau que le nom et le prix — est un jeu qui n'a point de basses et dont l'effet est nul.

Ainsi, sur sept jeux, il y en avait deux qui n'étaient pas convenables ; comment cela, à qui la faute ?

Voilà pour le passé et le présent de l'orgue de chœur ; maintenant envisageons un point de l'avenir, un seul point, pour abréger : On fera bien de profiter du moment où les tuyaux seront enlevés pour installer une montre muette et, derrière cette montre, une jalousie qui permettra de varier la force des sons, et garantira l'orgue de la poussière plus assidûment que les toiles grises à ce destinées.

Je reviens à l'orgue de la tribune :

Il vaut bien mieux léguer à nos successeurs le commencement d'un très bel instrument, qu'ils pourront terminer, qu'un orgue complet qui laisserait beaucoup à désirer et ne pourrait guère être modifié.

Il faut donc entreprendre ces grands travaux de la reconstruction de l'orgue sur un plan qui soit à la hauteur de la facture moderne et digne, en tout point, de notre belle cathédrale.

www.ingramcontent.com/pod-product-compliance
Lightning Source LLC
Chambersburg PA
CBHW070450080426
42451CB00025B/2124